피케티의 21세기 자본
만화로 완전 정복

COMIC DE WAKARU PIKETTY NYUMON

Copyright © 2015 FUJITA YASUNORI, UMEYASHIKI MITA, MURAKAMI YUICHI
Korean translation copyright © 2015 Econ Publishers, Inc. All rights reserved.
Edited by CHUKEI PUBLISHING.

First published in Japan in 2015 by KADOKAWA CORPORATION, Tokyo.
Korean translation rights arranged with KADOKAWA CORPORATION, Tokyo
through Danny Hong Agency.

이 책의 한국어판 저작권은 대니홍 에이전시를 통한 저작권사와의 독점 계약으로 이콘출판(주)에 있습니다.
저작권법에 의해 한국 내에서 보호를 받는 저작물이므로 무단전재와 복제를 금합니다.

피케티의 21세기 자본
만화로 완전 정복

후지타 야스노리 감수 | **우메야시키 미타** 그림
무라카미 유이치 스토리 원안 | **유주현** 옮김

들어가며

　이 책은 피케티의 사고과정을 따라가며 그가 어떤 데이터를, 어떤 식으로 분석하고 있는지 알기 쉽게 설명하고 있습니다. 데이터에서 읽히는 부분과 이론적으로 도출되는 부분을 엄선하여 '자본주의의 정형定型사실'이란 이름으로 정리해보았습니다.

　리먼 사태, '월스트리트를 점령하라Occupy Wall Street' 시위 등 최근 세계에서는 불평등 확대로 말미암은 문제들이 터져나오고 있습니다. 그러나 '불평등 문제에 초점을 맞추는 일은 경제학에 해를 끼치는 일이나 마찬가지다'라는 미국의 경제학자 로버트 루카스의 말이 상징하는 것처럼, 지금까지의 경제학은 불평등 문제를 중요하게 다루지 않아왔습니다. 미국의 경제학자 사이먼 쿠즈네츠의 연구로 대표되는 '자본주의가 발전하면 부가 많은 사람에게 돌아가 불평등 문제가 해소된다'는 주장 역시 불평등 문제를 낙관시해왔다고도 할 수 있습니다. 로버트 루카스는 '가난한 사람들의 생활을 개선하려면 불평등을 바로잡는 것보다 생산 확대를 도모하는 편이 훨씬 효과적이다'라고도 했습니다.

　이러한 상황에서 불평등 문제의 메커니즘을 밝히고, 기존 경제학에 도전하는 연구가 바로 토마 피케티의 경제학이라고 할 수 있습니다. 문학, 역사학 등 다양한 학문을 내포하고 있는 피케티 경제학은 소득과 부에 관한 방대한 세무 데이터에 근거해 자본주의의 본질을 밝혀내고 있습니다.

　피케티 경제학은 자본수익률 r 과 경제성장률 g 사이의 부등식 '$r > g$'로 대표되기 때문에 자본을 가진 자와 못 가진 자의 불평등이 강조되기 쉽지만, 그 이외에도 흥미로운 내용들이 가득합니다. 자본을 갖지 않는 '슈퍼'경영자의 대두에 관해서도 논하고 있고, 노력과 상속 중 어느 쪽이 더 우위에 있는

Capital
in the Twenty-First Century

지에 대해서도 분명히 말하고 있습니다.

평범하게 노력하면 평범한 생활을 할 수 있는가
세상이 편리해지면 불평등이 축소되는가
시장이 완전해지면 불평등이 축소되는가
물가가 상승하면 불평등이 축소되는가

피케티는 이러한 질문에 대해서도 역설적인 결론을 이끌어 논쟁을 일으킵니다.

상대방의 말을 듣지 않는 사람들끼리의 대화는 서로가 상대의 게으름을 지적하는 것으로 자신의 게으름을 정당화한다

피케티의 말입니다. 정확히 이해하는 것의 중요성을 강조한 것입니다.

전 세계적인 누진과세를 제언한다는 이유로 마르크스주의적 경제학으로 오해받기도 하는 피케티 경제학. 세계적 권위의 학술지「사이언스」에 실리는 등 자연과학의 세계에서도 주목받고 있는 피케티 경제학. 폴 크루그먼에게 『21세기 자본』은 향후 10년 동안 가장 중요한 경제학 저서로 자리매김할 것'이라고 극찬받음으로써 일약 유명해진 피케티 경제학. 이렇게 다양한 측면을 가진 피케티 경제학을 바르게 이해하는 데 이 책이 작은 도움이 되길 바랍니다.

후지타 야스노리

등장인물 소개

나루미 에리카

미국에서 건너온 주식 트레이더. 주식회사 나루미사무소 사장. 주로 개인투자가로 일하며 픽서(해결사)와 같은 활동을 한다. 굴리는 금액은 중간 규모 펀드에 필적한다. 업계에서는 '금융계의 붉은 번개'로 통한다.

다카시마 카즈히코

모 유명 사립대 경제학부 재학중. 나루미사무소에 아무 생각 없이 지원해 사다리타기로 채용됐다. 서무 겸 잡무 담당으로, 경제에 대해서는 전혀 모른 채 거액을 굴리는 일을 보조하며 경험을 쌓고 있다.

리옹 아스크

종합정보통신기업 리옹유니버설 CEO. 웹 결제 시스템 Pay around로 유명하다.

티모시 터틴월드

신흥 SNS '커넥터스' CEO. 어린 시절부터 해킹 신동으로 알려져 있다.

잭 리

오리엔트그룹 대표. IT 비즈니스에서 두각을 나타낸 싱가포르 산업계의 신예.

아우트링 턴

아우트링그룹 총수. 동남아 산업계의 실력자로, 한때 잭 리의 스승이기도 했다.

Capital
in the Twenty-First Century

들어가며 _4

프롤로그 _11

제1장 노력이냐, 상속이냐? _17

해설01 _28
- 피케티 경제학에서 '자본'이란
- 고전적 세습사회에서는 상속이 중요했다
- 자본주의가 발전하면 불평등이 사라질까?

제2장 대자본가의 몰락과 '슈퍼'경영자의 등장 _33

해설02 _46
- 몰락하는 대자본가
- 등장하는 '슈퍼'경영자
- 불평등의 확대
- 임원 보수는 능력 만큼인가 능력 이상인가?

제3장 자본가의 부富도 늘고 있다 _51

해설03_64
- 자본불평등이 임금불평등을 앞선다
- '소자본소득자'가 증가한다
- 성장률에 관한 두 가지 법칙

제4장 불평등을 낳는 자본주의의 메커니즘 _69

해설04 _84
- 자본주의의 두 가지 기본법칙
- $β$의 역사적 추이는 U자형이 된다
- $β$에 의해 경제가 움직인다

제5장 부르주아지는 자기 무덤을 파는 일꾼을 스스로 키우는가? _89

해설05 _104
- 저성장과 고저축률이 버블을 일으킨다
- 경제성장률이 제로에 수렴하면 $β$는 무한대로 수렴한다
- 마르크스의 세계는 실현됐는가?

Capital in the Twenty-First Century

 '슈퍼'불평등사회가 온다 _109

해설06 _124
- 자본수익률과 경제성장률의 역사적 추이
- 임금불평등과 자본불평등이 병존한다
- 해결책은 자본에 대한 누진과세

에필로그 _129

부록_피케티를 알자 _136

참고문헌 _140

이 책의 기반이 된 피케티의 『21세기 자본』 _143

일러두기
이 책의 원서는 일본판 『21세기 자본』(미스즈 출판, 2014)을 참조하였으며,
이 책은 원서와 한국판 『21세기 자본』(장경덕 외 옮김, 글항아리, 2014)에 기반을 두고 있습니다.

'r 〉 g'

라고 했잖아.

마법이 아니라 자본주의의 성질이야.

아니, 그런 마법의 주문 같은 소리는 하셔봤자…

아… 정말 대단해, 사장님은…

그보다 다음주 시장은 거의 도박판이 될 거야.

바짝 긴장하라고.

우리 회사 면접에 와주셔서 감사합니다.

게다가 미모까지 출중하고.

어떻게 나 같은 평범한 대학생이 사장님을 만나게 됐을까…

저렇게 젊은데 억대의 돈을 굴리며 세계와 맞짱뜨는 베일 속 투자가이자 사업가.

나루미사무소

제 1 장

노력이냐, 상속이냐?

오늘은 미국에서 온 VIP를 초대한다고 했는데…

실례가 없도록 잘해야 하는데

VIP도, 미국인도 난생 처음 보는데…

쓱 쓱

○월 ○○일

나루미사무소

쿵

OOPS!

완전 꽃미남!

당신이 사장님 친구?

어?

방긋♡

미, 미안해요.

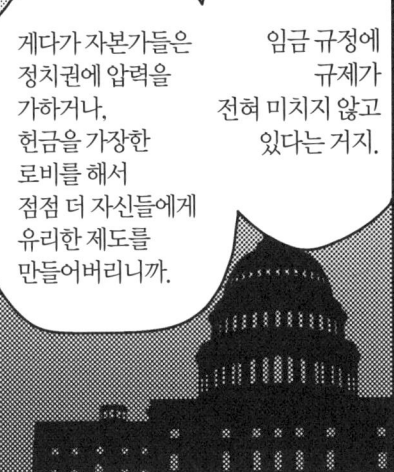

해 설
01

노력이냐, 상속이냐?

◎ **피케티 경제학에서 '자본'이란**

피케티 경제학을 이해하는 데 있어서 가장 중요한 개념이 바로 '자본'이므로, 우선 자본의 정의가 무엇인지부터 시작합시다.

자본이란, 경제학에서는 통상 공장이나 기계처럼 생산과정에 사용되는 것을 의미하는데, 피케티 경제학에서는 거기에 머물지 않고 더 넓은 개념으로 쓰입니다. 다시 말해, 피케티 경제학에서 자본이란, 부와 재산, 자산을 가리키며, 주식, 사채, 국채, 은행예금 등의 금융자산과 토지, 주택, 공장, 기계, 특허 등의 비非금융자산으로 구분됩니다(엄밀히 말하면 부채는 제외됩니다). 소유나 시장 거래가 가능해야 하므로 노동력이나 특수기능 같은 인적자본은 포함되지 않고, 대기나 바다, 산도 포함되지 않습니다.

피케티 경제학에서 경제 전체의 자본은 국부國富에 상당하는데, 일본의 경우는 3천조 엔 정도입니다.

이 자본에 자본수익률을 곱한 것이 곧 자본소득이 됩니다.

자본소득 = 자본수익률 × 자본

자본수익률은 금리보다 넓은 개념으로, 자본 전반의 연평균 수익률을 의미합니다. 즉, 1엔분의 자본이 1년 동안 창출하는 평균적인 가치로, 역사적으로 5% 안팎을 유지하고 있습니다.

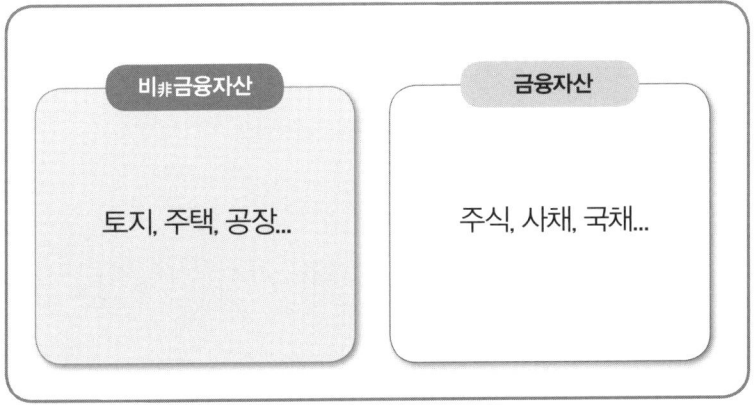

▲ 그림1 피케티가 정의하는 '자본'

* 인적자본이나 환경에 속하는 대기, 바다, 산 등은 제외

    자본소득과 짝이 되는 소득은 노동소득(급여, 보너스 등)인데, 피케티는 경제 전체에서 자본소득과 노동소득을 더하면 국민소득이 된다고 정의하고 있습니다.

  즉, '국민소득=자본소득+노동소득'이란 것입니다. 예를 들면 일본의 경우, 국민소득은 5백조 엔 정도입니다. 노동의 주체가 무엇인지에 따른 기준으로 표현하자면, 자본소득이란 '돈'에게 일을 시킨 결과로 얻은 소득이며, 노동소득이란 '자신'이 스스로 일한 결과로 얻은 소득이라고 할 수 있습니다.

◎ 고전적 세습사회에서는 상속이 중요했다

자본소득과 노동소득을 비교했을 때, 역사적으로 어느 쪽이 얼마나 컸을까요? 피케티는 19세기 프랑스와 영국의 사례에 주목하여 다음과 같은 사실에 도달했습니다.

• 자본주의의 정형사실 1 •

19세기 프랑스와 영국에서는,

❶ 가장 부유한 상속인 1%가 획득 가능한 자산은 하층계급 자산의 25~30배
❷ 노동소득 상위 1%가 획득 가능한 자산은 하층계급 자산의 10배

결국 자본소득이 노동소득을 압도적으로 웃돌고 있었다는 얘기입니다. 또한 이 시대에는 풍요로운 생활을 영위하기 위한 소득이 '평균 소득의 30배'였기 때문에, 여기에서 말한 가장 부유한 상속인 1%에 속해 있으면 충분히 풍요로운 생활을 누릴 수 있었지만, 가장 잘 버는 직업 1%에 종사한다고 해도 풍요로운 생활은 불가능했다는 것을 알 수 있습니다. 이러한 사실은 발자크의 『고리오 영감』(1835)에 나오는 내용으로 짐작할 수 있습니다.

'공부, 재능, 노력을 통해 성공을 얻을 수 있다는 생각은 본질적으로 환상이다'
'사회적으로 성공하려면 유산을 상속받는 아가씨와 결혼하면 된다'

책에서 범법자라는 어두운 과거를 숨기고 사는 보트랭은 법관을 꿈꾸는 가난한 귀족 라스티냐크에게 위와 같이 내뱉습니다.

◎ **자본주의가 발전하면 불평등이 사라질까?**

피케티는 이러한 19세기 프랑스와 영국의 사회를 고전적 세습사회라 부르며 당시 커다란 불평등이 존재했다는 것을 밝히고 있습니다. 그렇다면 이런 불평등은 지금 어떻게 되었을까요?

피케티는 불평등의 추이에 관한 대표적 연구자로 사이먼 쿠즈네츠(1971년 노벨 경제학상 수상자)와 칼 마르크스(『자본론』의 저자)를 꼽고 있는데, 그들 이론 사이의 공통점과 차이점을 밝히면서, 여기에 대해 고찰합니다.

쿠즈네츠는 '성장은 모든 배를 뜨게 하는 밀물이다', 즉 자본주의가 발전하면 불평등이 축소된다고 주장했고, 칼 마르크스는 자본주의가 발전하면 자본이 소수의 손에 집중된다고 주장했습니다. 우선 피케티는 쿠즈네츠의 주장이 21세기에 적용된다고 볼 수는 없다고 말합니다.

쿠즈네츠의 연구는 '영광의 30년'(1940년대 말~1970년대 말까지의 30년간)의 시기에 해당하는 것에 불과하므로 일반성이 부족하고, 또 자본주의가 공산주의보다 우위라는 것을 증명하려는 의도가 지나치다는 것이 그 이유입니다.

지금도 거대 화장품기업 로레알의 상속인인 릴리앙 베탕쿠르처럼 고전적 세습사회에서나 있을 법한, 스스로 거의 일하지 않으면서도 250억 달러의 자산을 가진 사람도 있고, 스티브 잡스처럼 상속재산과는 무관하게 혁신가로서 80억 달러의 자산을 이룬 사람도 있습니다.

피케티 경제학은 자본에 주목해 21세기의 불평등 문제에 대한 답을 구하고 있습니다.

제 2 장

대자본가의 몰락과 '슈퍼'경영자의 등장

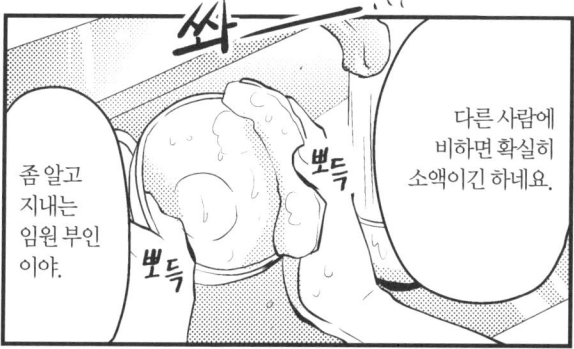

40

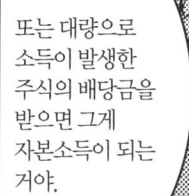

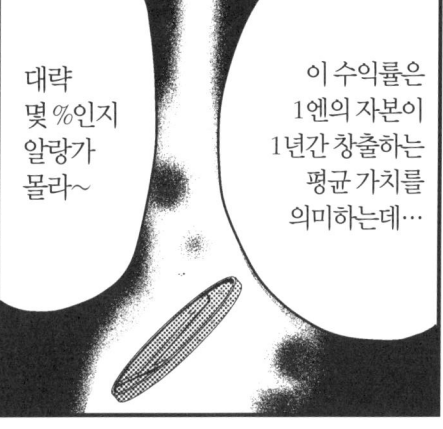

난 운 좋은 사람이 좋거든요!

하지만…

운이 좋은 게 다는 아닌 거죠?

그… 부잣집에 태어난 사람은

운이 좋은 사람이긴 한데…

맞았어. 역시 감이 좋네.

그럼 넌 어느 쪽에 속할까.

…

웅웅

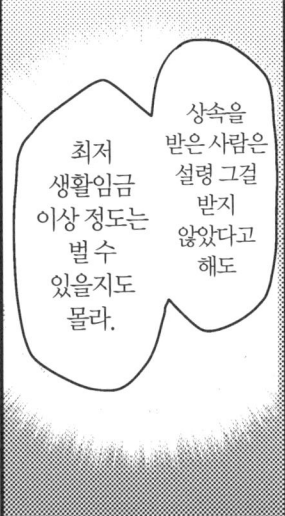

상속을 받은 사람은 설령 그걸 받지 않았다고 해도

최저 생활임금 이상 정도는 벌 수 있을지도 몰라.

해 설 02

대자본가의 몰락과 '슈퍼'경영자의 등장

◎ **몰락하는 대자본가**

이제까지 경제학에서는 소득불평등의 전체상에 주목해 '지니계수'를 사용하거나, 또는 빈곤에 시달리는 사람들의 비율에 주목해 '빈곤율'을 사용해왔습니다. 반면 피케티는 부유층의 동향을 관찰해야 한다며 '상위 ○○%의 사람들이 차지하는 몫'을 중시하고 있습니다.

그래서 피케티는 우선 1910년부터 2010년까지 프랑스에서 '소득 상위 1%가 총소득에서 차지하는 몫(소득 상위 1%가 프랑스 전체 소득의 몇 %를 차지하는가)' 및 '임금 상위 1%가 총임금에서 차지하는 몫(임금 상위 1%가 프랑스 전체 임금의 몇 %를 차지하는가)'을 조사하여 그림2와 같은 그래프를 완성했습니다. 그로부터 다음과 같은 사실을 알 수 있습니다.

• **자본주의의 정형사실 2** •

프랑스에서는

❶ 소득 상위 1%가 총소득에서 차지하는 몫은 20세기 내내 대폭 감소하여, 1945년 이후는 8%대가 되었다
❷ 임금 상위 1%가 총임금에서 차지하는 몫은 1945년 이후 6~7%이다
❸ 따라서 1945년 이후 소득불평등의 감소는 고액 자본소득의 감소에 따른 현상이다

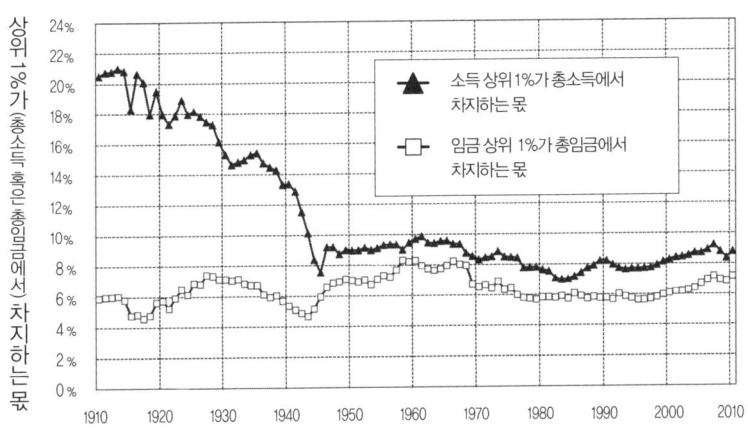

▲ 그림2 프랑스 자본소득자들의 몰락, 1910~2010
(『21세기 자본』의 도표 8.2를 참조)

◎ 등장하는 '슈퍼'경영자

　프랑스에서는 이처럼 상위 자본가가 줄어들고 있지만, 다른 나라에서는 새로운 불평등이 생겨나고 있습니다. 바로 미국에서 나타난 '슈퍼'경영자super managers로 인한 불평등의 확대입니다. 그림2와 마찬가지로 1910년부터 2010년까지 미국에서의 소득 상위, 임금 상위 1%가 각각 총소득, 총임금에서 차지하는 몫에 대한 그래프를 그리면 그림3과 같고, 다음과 같은 사실을 알 수 있습니다.

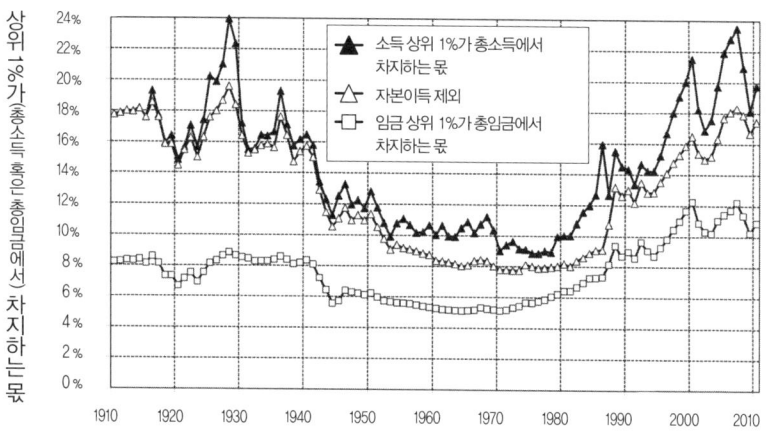

▲그림3 미국에서 상위 1% 몫의 변화
(『21세기 자본』의 도표 8.8을 참조)

• 자본주의의 정형사실 3 •

❶ 1910~1930년대에 20%였던 소득 상위 1%가 총소득에서 차지하는 몫이 1940년대에는 10%로 떨어졌지만, 1980년 이후에는 급증해 다시 20%가 되었다

❷ 임금 상위 1%가 총임금에서 차지하는 몫도 1980년 이후 급증해 10%가 되었다

1980년대 이후 미국의 상황은 유럽에서 불평등이 최고조였던 시기, 즉 16~18세기의 절대왕정기나 19세기말에서 제1차세계대전까지의 벨 에포크 시대에 육박하고 있습니다. 2008년에 리먼 사태가 터졌어도 미국의 불평등은 여전히 확대일로에 있고, 오히려 이러한 불평등이 리먼 사태를 일으켰다고 생각할 수도 있습니다.

◎ 불평등의 확대

그렇다면 불평등의 확대는 어떻게 발생하는 것일까요. 그 흐름을 살펴봅시다.

우선 중산층과 하류층의 구매력이 침체되고, 빚을 내는 중산층과 하류층이 늘어납니다. 이어서 금융기관이 느슨한 조건으로 과잉 융자를 해줍니다. 그렇게 되면 변제 능력이 낮은 사람들도 돈을 빌릴 수 있게 되므로 '변제 불능 상태가 될 확률이 높아진다'는 것입니다.

앞의 그림2를 자세히 보면 '프랑스에서 임금 상위 1%가 총임금에서 차지하는 몫이 1990년대 말부터 2010년대 초까지에 걸쳐 상승하고 있다'는 것을 알 수 있습니다. 프랑스에서도 임금불평등이 확대되기 시작하고 있다는 뜻입니다.

한편 그림2와 그림3을 비교하면, 2000~2010년에는 미국의 불평등이 유럽의 불평등을 훨씬 앞지르고 있지만, 미국은 원래 유럽식 불평등 사회에 반하는 체제를 기반으로 세워졌기 때문에 예전부터 불평등이 있었던 것은 아닙니다. 1910년을 보면 유럽의 불평등이 미국의 불평등을 웃돌고 있었다는 사실을 알 수 있습니다.

◎ 임원 보수는 능력 만큼인가 능력 이상인가?

 이러한 불평등이 미국이나 프랑스에서 생긴 원인으로는 대기업 중역의 고액 보수를 들 수 있습니다.
 예컨대, 투자은행의 최고경영책임자(CEO)들은 금융위기를 일으킨 장본인들임에도 불구하고 일반 노동자의 1000배 가까운 초고액 보수를 받고 있습니다.
 물론 고액 보수가 없으면 거대 자산을 상속받은 사람만이 부를 획득할 수 있으므로 사회정의가 훼손된다고 보고 이를 정당화하는 의견도 있지만, 이 보수가 중역들의 생산성에 비례하는가 하면 꼭 그렇지만은 않다는 게 문제가 되는 것 같습니다.
 CEO들은 보수위원회를 자신들에게 유리하도록 조직하거나, 이사회를 장악해서 불충분한 감시하에 자신들의 보수를 결정하고 있는 듯 하며, '임원 보수가 급상승하는 것은 매출과 이윤이 외부 요인으로 늘었을 때', 즉 '임원 보수는 운에 대한 보수다'라는 분석 결과도 있습니다.
 대기업이 최고 세율을 낮게 억제하도록 정당이나 관련 단체에 거액의 헌금을 하고 있는 실태도 발견되고 있고, 또 그렇게 낮은 최고 세율이 고액 보수에 대한 인센티브를 높이고 있다고 생각할 수도 있습니다.

제 3 장

자본가의 부富도 늘고 있다

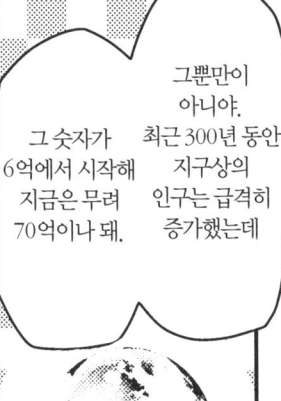

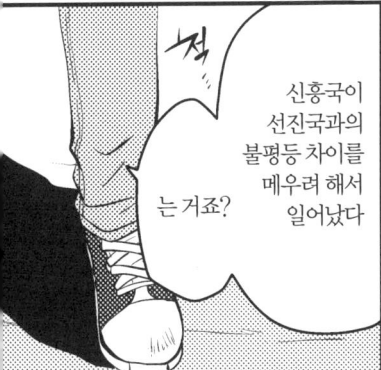

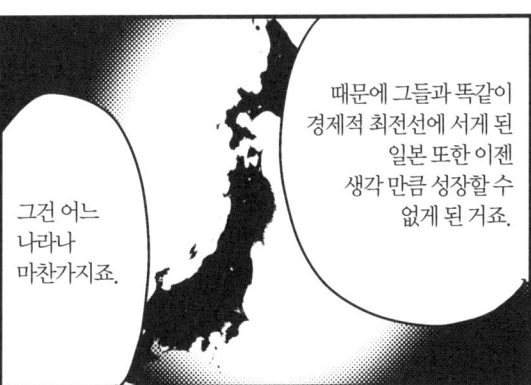

자본가의 부(富)도 증가하고 있다

해설 03

◎ **자본불평등이 임금불평등을 앞선다**

　제2장에서는 '슈퍼'경영자가 등장하는 한편 대자본가가 몰락하고 있다는 것을 확인했습니다. 나아가 피케티는 최근 10년간 다양한 지역에 걸쳐 있는 자본불평등과 임금불평등을 조사했고, 제2장과 같은 현상을 역사와 지리 속에서 파악했습니다.

　피케티의 분석에 따르면, 임금불평등에 있어서도 2010년대의 유럽은 평균치에 속합니다. 한편 2010년대의 미국은 임금불평등이 가장 심하며, 자본불평등 면에서도 최근 100년간 두번째로 심합니다(가장 심했던 것은 1910년대 유럽입니다).

　임금불평등이 가장 심한 2010년 미국의 통계를 보면 노동소득 상위 10%인 사람들이 총 노동소득의 35%를 차지하고 있습니다. 자본불평등이 최근 100년 동안 가장 덜했던 곳은 1970~1980년의 스칸디나비아로, 자본소득 상위 10%인 사람들이 국부의 50%를 쥐고 있었습니다. 이것을 바탕으로 자본불평등과 임금불평등의 관계에 대해 다음과 같은 점들을 알아낼 수 있습니다.

• 자본주의의 정형사실 4 •

'자본불평등이 가장 덜한 나라의 불평등'마저 '임금불평등이 가장 심한 나라의 불평등'보다 크다

　즉, 자본소득의 불평등이 노동소득의 불평등보다 심하다는 말입니다.

표1 시대별, 지역별 노동소득의 불평등

◎ 서로 다른 집단들이 총 노동소득에서 차지하는 비율
  상위 10% ('상류층')

낮은 불평등 (스칸디나비아 1970~1980년대)	중간 정도의 불평등 (유럽 2010년)	높은 불평등 (미국 2010년)	매우 높은 불평등 (미국 2030년?)
20%	25%	35%	45%

표2 시대별, 지역별 자본 소유의 불평등

◎ 서로 다른 집단들이 총자본에서 차지하는 비율
  상위 10% ('상류층')

낮은 불평등 (관찰되지 않음, 이상적인 사회?)	중간 정도의 불평등 (스칸디나비아 1970~1980년대)	중간 정도보다 높은 불평등 (유럽 2010년)	높은 불평등 (미국 2010년)	매우 높은 불평등 (유럽 1910년)
30%	50%	60%	70%	90%

▲ 표1, 표2 『21세기 자본』의 표 7.1, 7.2 일부를 발췌

참고로 세계 전체를 놓고 봤을 때, 1980년대 이후 부유층의 자산이 평균을 훨씬 웃돌 정도로 급속히 증가하여 다음과 같은 상황에 놓여 있습니다.

• 자본주의의 정형사실 5 •

자본에서 상위 0.1%가 전 세계 부의 20%를 보유하고, 상위 1%가 전 세계 부의 50%를 보유한다

◎ '소자본소득자'가 증가한다

 이러한 분석을 하는 한편 피케티는 프랑스 자산가의 변화에도 주목하고 있습니다. 프랑스에서 '노동소득이 하위 50%인 노동자의 평생 노동소득'에 준하는 금액을 상속받는 사람들의 비율을 1820년부터 2010년에 걸쳐 살펴보면, 그림4와 같습니다.

• 자본주의의 정형사실 6 •

프랑스에서 '노동소득 하위 50%의 노동자의 평생 노동소득'에 준하는 금액을 상속받는 사람들의 비율을 살펴보면, 19세기 약 10%에서 1910~1920년생을 기준으로 2%까지 감소했습니다. 그러나 그후 다시 증가해 1970년 이후 출생자 그룹에서는 10%를 넘어섰습니다

 즉, 상속의 부활이 일어나고 있는 것입니다.
 1970년 이후에 태어난 프랑스인에 대해서도 조금 더 자세히 보면, 그 **상속액이 생애 총자산의 4분의 1**에 달하고 있고, 총액으로는 상속으로 악명이 높았던 19세기와 같습니다.
 다만, 1인당 상속액은 감소하고 있으므로 현재는 '소자본소득자의 세계'라고 할 수 있습니다.
 실제로 1810년부터 2010년 사이에는 **프랑스의 자본 상위 1%나 10%나 모두 그 비율이 감소하고 있지만, 하위 50%의 점유율은 5%로 변함이 없다**는 사실로부터 다음과 같은 점을 알 수 있습니다.

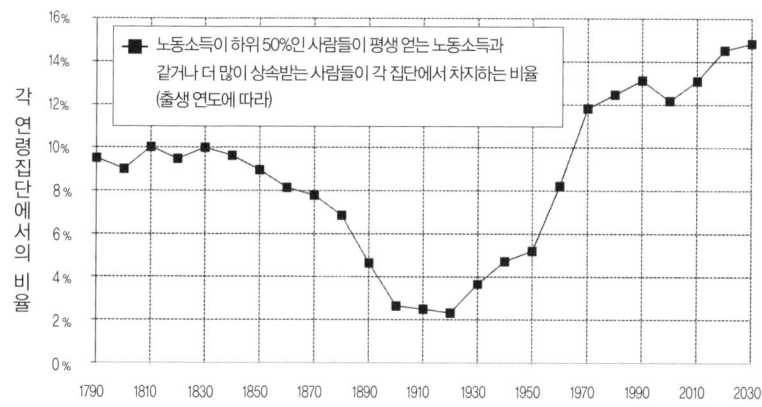

▲그림4 각 연령집단에서 평생의 노동소득과 같은 액수를 상속받는 사람의 비율은 얼마인가?
(『21세기 자본』의 도표 11.11을 참조)

• 자본주의의 정형사실 7 •

프랑스에서는 자본 상위 10%가 잃어버린 부의 대부분을 중산층이 획득하고 있고, 가장 가난한 인구 절반에게는 미치지 못하고 있다

구체적으로 말하면 프랑스의 중산층이 국부의 3분의 1을 소유하고 있고, 이를 바탕으로 프랑스에서 상속이 부활하고 있다는 것입니다.

◎ 성장률에 관한 두 가지 법칙

 이쯤에서 앞으로 나올 분석을 위해 성장률에 관한 두 가지 법칙을 정리해두도록 하겠습니다.
 첫번째는 '누적성장의 법칙'으로, '자본수익률에서나 경제성장률에서나 작은 수치가 장기적으로는 커진다'는 것입니다.
 연 2.0%의 성장률이라면 1세대(30년)만에 1.81배가 되고, 연 5.0%의 성장률이라면 1세대(30년)만에 4.32배가 됩니다.

 또하나의 법칙은 '경제성장률 = 인구증가율 + 1인당 경제성장률'이란 것입니다.
 다른 조건이 일정하다면, 인구가 증가할수록 경제성장이 증가하고, 인구가 감소할수록 경제성장이 둔화된다는 것을 알 수 있는데, '남아프리카가 경제적으로 '핫'한 것은 이 나라의 인구증가율 덕분'이라는 다카시마의 대사도 이와 같은 맥락입니다.

제 4 장

불평등을 낳는 자본주의의 메커니즘

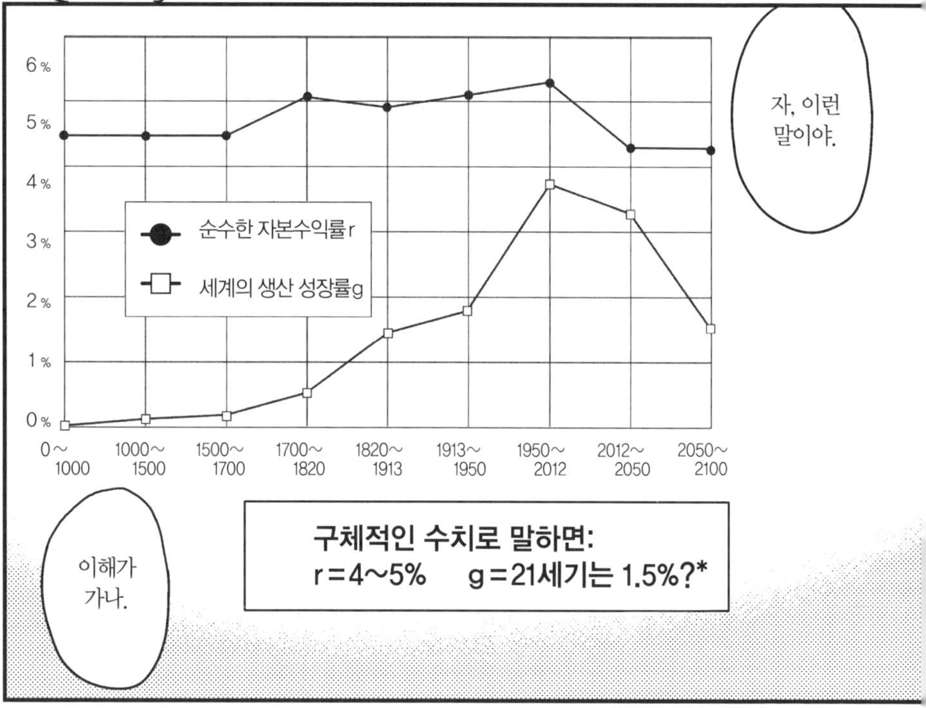

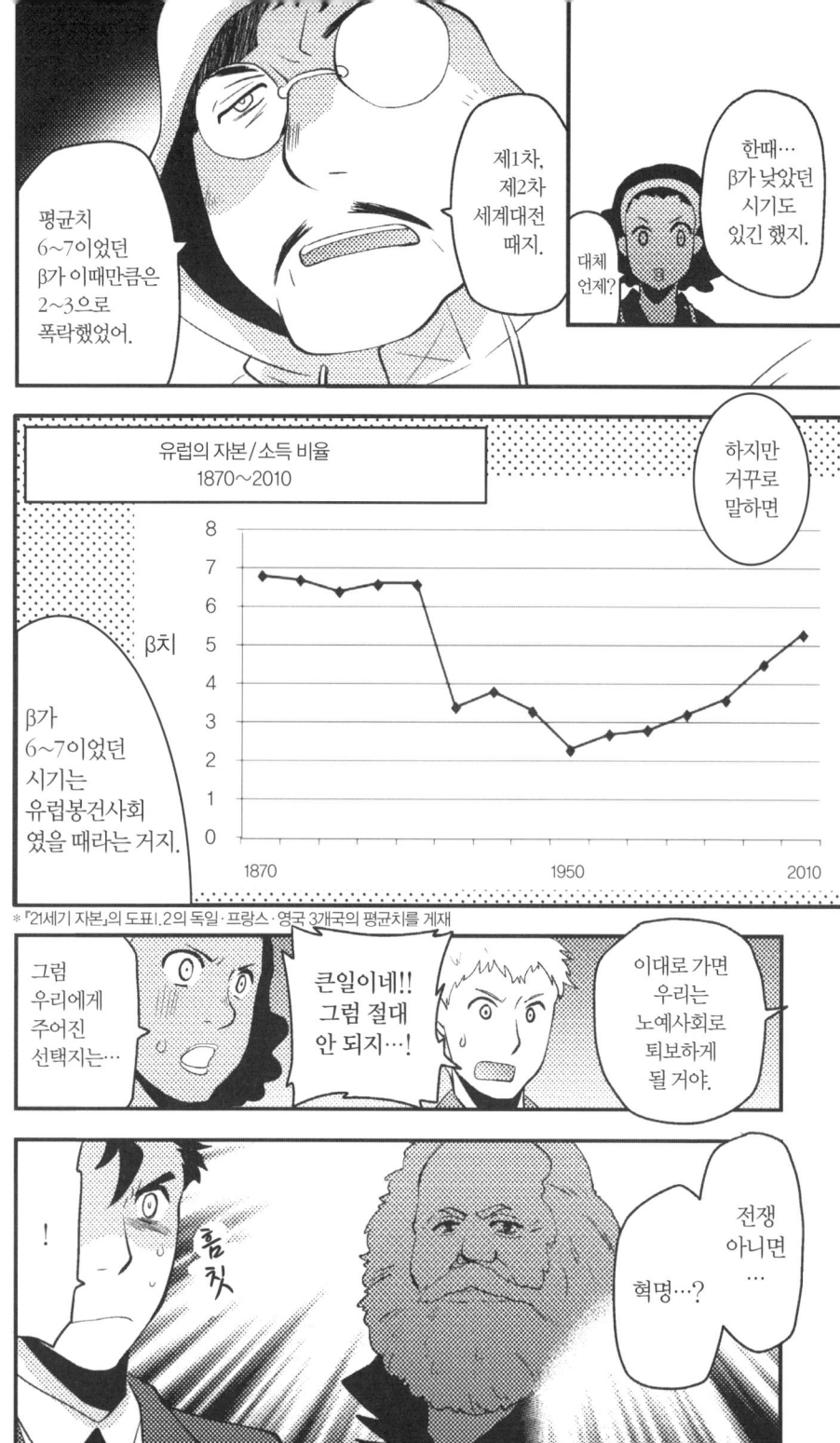

불평등을 낳는 자본주의의 메커니즘

해설 04

◎ 자본주의의 두 가지 기본법칙

지금까지 다양한 시점에서 불평등의 실태를 살펴봤습니다. 그렇다면 불평등은 어떠한 메커니즘으로 발생하고, 또 확대되는 것일까요?

이 문제를 풀기 위해서는 피케티가 제시하는 중요한 두 가지 식을 알아야 합니다.

자본주의의 제1기본법칙: $\alpha = r \times \beta$
자본주의의 제2기본법칙: $\beta = s / g$

여기서 α=자본소득/국민소득, r=자본수익률, β=자본/국민소득, s=저축률, g=경제성장률을 말합니다.

우선 자본주의의 제1기본법칙은 α, 즉 **국민소득에서 차지하는 자본소득의 비율**을 결정하는 식으로, 자본소득을 정의하는 식 '자본소득 = 자본수익률 × 자본'의 양변을 국민소득으로 나눔으로써 얻어집니다.

한편 자본주의의 제2기본법칙은 β를 결정하는 식으로, 이 식에서 저축률 s이란 연간 저축률/국민소득이며, 경제성장률 g이란 국민소득의 연간 증가율입니다.

β란 **부의 총액이 국민소득의 몇 년분인가**를 나타내는 것으로, 피케티 경제학에서 가장 중요시되는 지표입니다. 피케티는 이 수치가 클수록 자본주의적이라고 생각하고 있습니다.

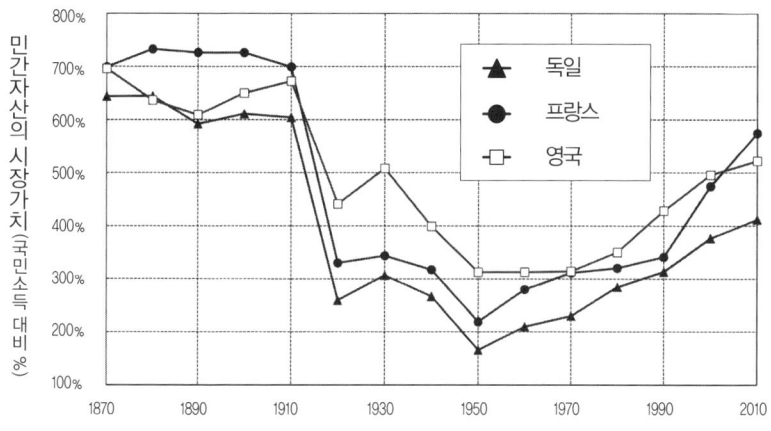

▲그림5 유럽의 자본/소득 비율, 1870~2010
(『21세기 자본』의 도표 I.2를 참조)

국민소득은 1년이라는 '흐름'에 있는 것이므로 유동 변수라고 불리며, 자본은 어느 시점에서 '축적'된 것이므로 고정 변수라고 불립니다. 따라서 $β$는 유동과 고정의 비율이라고도 할 수 있습니다.

◎ β의 역사적 추이는 U자형이 된다

피케티는 유럽에서의 $β$의 흐름을 조사하여, 그림5와 같이 $β$의 역사적 추이가 U자형이 된다고 밝히고 있습니다.

• 자본주의의 정형사실 8 •

β의 역사적 추이

❶ '제1차 글로벌리제이션' 시기(1879~1914년)에는 부의 총액이 국민소득의 6~7년 분이라는 높은 수준이었다

❷ 1914~1950년('유럽 자본가들의 안락사'의 시기)에는 두 차례 전쟁이 재정과 정치에 미친 타격으로 2~3년분으로 급락했다

❸ 그후, 1970년 이후의 '제2차 글로벌리제이션' 시기가 되자 서서히 회복되기 시작했다

'제1차 글로벌리제이션' 시기에는 전기조명과 영화, 라디오, 자동차가 급격히 보급되면서 사람들의 생활이 풍요로워졌고, 또 '제2차 글로벌리제이션' 시기에도 베를린장벽 붕괴나 IT 혁명 등으로 역시 생활은 풍요로워졌습니다. 그러나 피케티에 따르면, 어느 시기에나 불평등은 확대되고 있습니다. 또한 피케티는 1970~2010년에 걸친 $β$의 증가는 경제성장률의 저하에 기인하고 있다고 보는데(경제성장률이 낮으면 자본주의의 제2기본법칙에 따라 $β$가 증가합니다), 앞으로도 인구성장율의 저하로 경제성장률이 낮아질 것이기 때문에 역시 자본주의의 제2기본법칙에 따라 $β$는 계속 증가할 것이라고 예상합니다.

피케티는 나아가 2100년에는 경제성장률 및 저축률이 전 세계에서 각각 1.5%, 10%가 되어 $β=7$ 정도가 될 것이라고 보고, 전 세계가 20세기 초의 유럽처럼 되어갈 것으로 예상하고 있습니다.

◎ β에 의해 경제가 움직인다

피케티 경제학은 다음과 같이 두 개의 국면을 왕복함으로써 경제가 움직인다고 봅니다.

국면1

저축률 s과 경제성장률 g이 주어지면, 자본주의의 제2기본법칙에 따라 $β$가 결정되고, $β$가 결정되면 자본수익률 r, 저축률 s, 경제성장률 g이 결정됩니다. $β$와 자본수익률, 저축률, 경제성장률의 관계에 대해 피케티는

• 자본주의의 정형사실 9 •

❶ $β$가 커지면 자본수익률이 감소한다
❷ $β$가 커지면 저축률이 증가한다
❸ $β$가 커지면 경제성장률은 감소한다

고 보고 있습니다.

'자본주의의 정형사실 9'에서 ❶은 자본이 많아지면 유망한 투자처가 감소해 수익률이 낮아진다는 것을 뜻하고, ❷는 자본이 많아지면 증가하는 자본의 양도 늘기 때문에 저축하는 양도 늘어 저축률이 높아진다는 것을 뜻하고 있습니다.

고리오 영감은 파스타 요리 솜씨를 살려 사업을 일으키고, 적절한 장소, 적절한 시간에 보내기 위한 유통망을 구축해 재산을 모았습니다. 하지만 그후 사업을 팔고 그 이익으로 영구공채(반드시 이자가 지불되는 안전자산)를 구입했습니다. ❸은 이렇게 '혁신가가 시간이 흘러 불로소득 생활자가 되면 경제는 활력을 잃어간다'는 것을 의미하고 있습니다.

국면2

국면1에서 결정된 자본수익률 r과 β를 자본주의의 제1기본법칙에 대입하면 a가 결정되고, 또한 저축률 s과 경제성장률 g을 자본주의의 제2기본법칙에 대입하면 β가 결정되어 국면1로 되돌아갑니다.

제 5 장

부르주아지는 자기 무덤을 파는 일꾼을 스스로 키우는가?

아우트링 턴
아우트링그룹 총수

실례합니다.

상황은 알고 있나.

음, 들어오게.

네, 아버지께 들었습니다.

그룹의 신사업이었던 IT 분야의 스타트업을 성공시키는 최대 업적을 이루며, 그는 자리를 확고히 했다.

리는 턴 노인의 수제자였다. 대기업인 아우트링 그룹에서 체계적인 경영 수업을 받았다.

그것의 성공을 바탕으로 자신감에 부푼 리가 아우트링그룹의 핵심사업인 자동차회사 아우트링모터스 (이하 OM)의 탈취를 꾀하고 있다는 것이 밝혀졌다.

그 최고점이 후계자가 정해져 있었던 OG 매수극이다.

그러나 리는 재계에서 세력이 커갈수록 무리한 수법을 고집스레 밀어붙여 턴 노인과의 갈등이 깊어졌다.

*주전: 일본에서 주택금융 전문회사를 일컫는 말   *MBS: Mortgage Backed Securities

*대장성: 일본 재무성의 전신. Ministry of Finance.

*TOB: Take Over Bid, 주식공개매수

그럼 제가 할 일은 뭔가요.

리의 목적은 앞으로 1년 정도 좋은 어장으로 삼을 수 있는 것과 중단기적 자금 조달이야.

시가총액이 높다고 경쟁입찰에서 이기는 건 아니야. 그 정도로 실탄도 충분치 않고.

설마 OM에 TOB*를 하려는 건 아닐까요.

영향력을 과시하기 위해 돈을 끌어 모으다니…

나의 프라이빗 펀드인 미스릴 펀더리를 너에게 맡기지.

만일 그가 자사주를 처리하기 시작한다면 그 정도로는 안될 텐데요.

그러면 적어도 자금량 대결에서 지진 않을 테지.

이걸 운용해서 리와 비슷한 정도의 실적을 올려주게나.

협력할 만한 곳을 찾아야 할 텐데…

똑 갉 갉

철컥

!

네가 나루미 에리카인가?

그때가… 오히려 우리가 OG를 매수할 절호의 찬스가 되겠지.

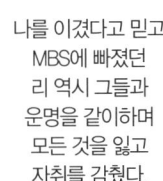

나를 이겼다고 믿고 MBS에 빠졌던 리 역시 그들과 운명을 같이하며 모든 것을 잃고 자취를 감췄다.

최종적으로 시장 제4위 대형 증권회사가 파산하고 말았다.

누구나 알고 있는 리먼 사태다.

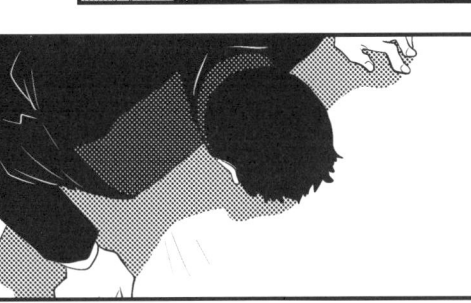

얄궂은 운명이었을까. 그의 부채 매입에 응한 것은 바로 아우트링 그룹이었다.

그건…
자본주의의 모든 것을 담고 있었지.

그때 리의 표정을 아직도 잊을 수 없다.

부르주아지는 100년도 채 안되는 기간 동안 거대한 생산력을 낳았지만, 동시에 그들이 만들어낸 프롤레타리아트에 의해 자본주의를 대신할 체제가 구축될 것이다. 이른바 부르주아지는 '자기 무덤을 파는 사람을 스스로 키우게 되는 것'이다.

어떤 의미에서 마르크스가 예언했던… 자본주의의 괴물, 그 자체였어.

이제야 조금 알 것 같아요, 턴 선생님.

일반 노동자. 그중에서도 가정을 꾸린 사람에게 '마이홈'은 평생의 염원이지.

절대 용서 할 수 없다!

젊은 세대의 상징이라 생각했는데

커넥터스 놈들!

로스앤젤레스

당장 사장부터 끌어내!

이대로 얌전히 이용 당하고 있을 줄 알았지!!

이 자본주의라는 것의 위험한 성질을…!

사실 피케티의 법칙은 마르크스의 자본주의 비판을 통계자료로 뒷받침했을 뿐이야.

월스트리트

하지만

크크… 바로 그런 원리지.

이것을 가능케 하는 발상은 아마도 그것밖에는 없을 것이다.

자본주의라는 범주 안에서의 불평등에 대한 조치.

자본주의에 대한 복수.

뭘까?

그거야 할아버지, 할머니가 죽었을 때 아닌가?

너무나 비대해진 회사

넘치도록 많이 가진 차본가를 사회에서 퇴장시키는 거지.

그러니 지금은 우선 그들을 때려 부수는 일이 시급해.

머지않아 사회가 제도적인 틀을 만들어 대응할 거야.

물론 상속인이 누군지는 알 수 없지만.

그렇게 남겨진 재산을 상속이라는 이름으로 재분배하는 거고.

그런 생각이 자본주의의 망령, 그 자체인데도!?

이렇게 하지 않으면 무한 증식하는 자본의 저주에 우리가 대항할 수단은 없어.

부르주아지는 자기 무덤을 파는 일꾼을 스스로 키우는가?

◎ **저성장과 고저축률이 버블을 일으킨다**

1990년경 일본의 버블, 2000년대 후반의 미국 서브프라임 버블이나 리먼 사태가 보여주는 것처럼, 20세기 말 이후 일본, 미국, 유럽에서는 자산 가격이 때때로 크게 움직이고 있습니다. 피케티는 이러한 자산 가격 변동을 $β$의 확장 개념으로 설명하고 있습니다.

그것이 다음 페이지의 그래프인데, 세로축은 민간자본의 가치를 국민소득으로 나눈 수치입니다. 제4장에서 설명한 대로 총자본의 가치를 국민소득으로 나눈 값이 $β$이므로 세로축의 수치는 '민간 부문의 $β$'라고 할 수 있습니다.

그래프를 보면 일본은 1990년대 민간자본의 가치가 가장 높고, 미국은 2008년경이 가장 높은데, 이것은 각각 1990년에 있었던 일본의 버블, 2000년대 후반의 미국 서브프라임 버블과 리먼 사태를 반영하고 있습니다. 또한 영국이나 미국의 그래프에서 2000년경 민간자본의 가치가 정점인 것은 인터넷 버블과 연결되어 있습니다.

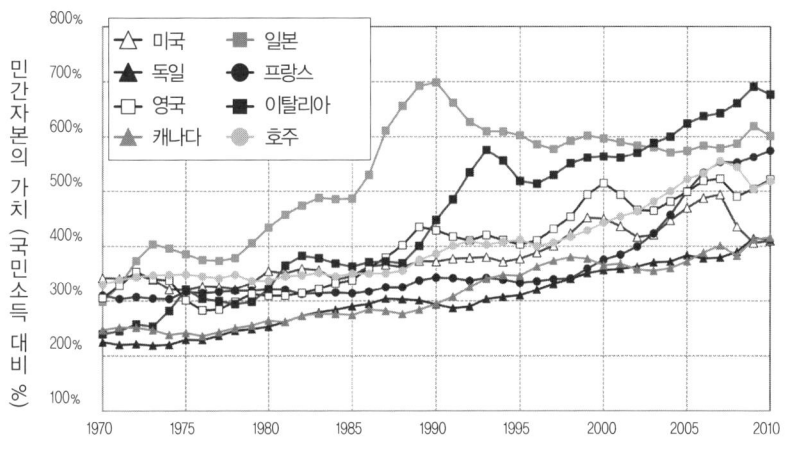

▲그림6 부유한 국가들의 민간자본, 1970~2010
(『21세기 자본』의 도표5.3을 참조)

또한 어느 나라나 전체적으로 그래프 오른쪽으로 갈수록 상승한다는 점을 알 수 있는데, 피케티는 이러한 장기적인 추세의 원인은 '경제성장률의 저하와 저축률의 증가'에 있다고 말합니다. 경제성장률 g이 작고 저축률 s이 크면, 자본주의의 제2기본법칙에 따라 β가 커지기 때문입니다.

예를 들어 경제성장률 g = 2%, 저축률 s = 6%라고 했을 때, 자본주의의 제2기본법칙에 따라 β = 3이 되는데, 저축률은 6%로 고정인 상태에서 경제성장률이 1%로 저하하면 β는 6으로 증가하고, 이 상태에서 저축률이 12%로 증가하면 β는 12로 더욱 증가하게 됩니다.

◎ 경제성장률이 제로에 수렴하면 β는 무한대로 수렴한다

그러면 경제성장률이 제로에 수렴할 경우 경제는 어떻게 될까요.

앞서 수치를 대입해 설명한 것처럼, 예를 들어 경제성장률 g = 1%, 저축률 s = 12%라면 자본주의의 제2기본법칙에 따라 β가 12가 되는데, 저축률이 12%로 고정일 때 경제성장률이 0.1%, 0.01%, 0.001%…로 계속 저하되어가면 β는 120, 1200, 12000…으로 급증해갑니다. 이것으로부터 **경제성장률이 제로에 수렴하면 β가 무한대로 수렴한다**는 것을 알 수 있습니다.

한편 β가 커지면 제4장에서 설명한 '자본주의의 정형사실9' ❶에 따라 자본수익률 r이 감소하고 제로로 수렴해가므로, 자본수익률과 β의 곱인 $α$는 β의 증가에 수반해 '제로 × 무한대'에 가까워지게 됩니다.

그 결과 β는 '자본수익률이 제로에 수렴하는 힘'과 'β가 무한대로 수렴하는 힘'의 대소관계에 따르게 되는데, 다음과 같은 '자본주의의 정형사실10'으로 정리할 수 있습니다.

• 자본주의의 정형사실10 •

경제성장률이 제로에 수렴하면, 자본수익률은 제로에 수렴하고 β는 무한대에 수렴하는데,

❶ '자본수익률이 제로에 수렴하는 힘'이 'β가 무한대에 수렴하는 힘'보다 강하면 α는 제로에 수렴하고
❷ '자본수익률이 제로에 수렴하는 힘'이 'β가 무한대에 수렴하는 힘'보다 약하면 α는 그 최대치인 1에 수렴한다

'자본주의의 정형사실10'의 ❶은 자본가들의 몫이 감소한 결과, 그 감소하는 몫을 가지고 자본가들끼리 폭력적인 분쟁이 일어나는 것을 의미하고, ❷는 노동자들의 몫이 감소한 결과, 노동자들이 단결해서 반란을 일으키는 것을 의미한다는 것이 피케티의 이론입니다.

◎ 마르크스의 세계는 실현됐는가?

부르주아지는 100년도 채 안 되는 기간 동안 거대한 생산력을 낳았지만, 동시에 그들이 만들어낸 프롤레타리아트에 의해 자본주의를 대신할 체제가 구축될 것이다

마르크스는 이렇게 생각했고 다음과 같이 말했습니다.

'부르주아지가 생산하는 것은 무엇보다 그 자신의 무덤을 파는 일꾼들이다. 부르주아지의 몰락과 프롤레타리아트의 승리는 똑같이 필연적인 것이다'

「공산당선언」

　마르크스가 그린 세계는 피케티 경제학에서 경제성장률이 제로에 가까워진 세계로 해석됩니다.
　제로 성장률의 이론적 귀결은 앞서 설명한 '자본주의의 정형사실10'과 같지만, 현실에서는 경제성장률이 제로가 되지 않았으므로 마르크스가 그린 세계는 실현되지 않았습니다.
　그러면 경제성장률이 제로가 되지 않는다고 해서 문제가 없는 걸까요. 제6장에서 설명하는 것처럼 피케티는 더욱 심도 있는 분석을 통해 이 문제에 대한 답을 찾고 있습니다.

제 6 장
'슈퍼'불평등사회가 온다

!!

에리카!

거기까지!

벌-컥

네 능력을 보여줘!

지금이야!

에잇

이건 수류탄…!?

쿵

펑

데구르르

다카시마씨.

괜찮아.

넵!

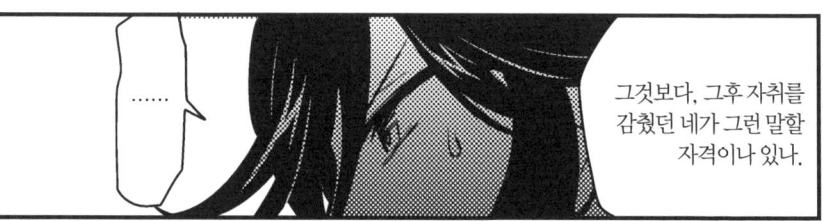

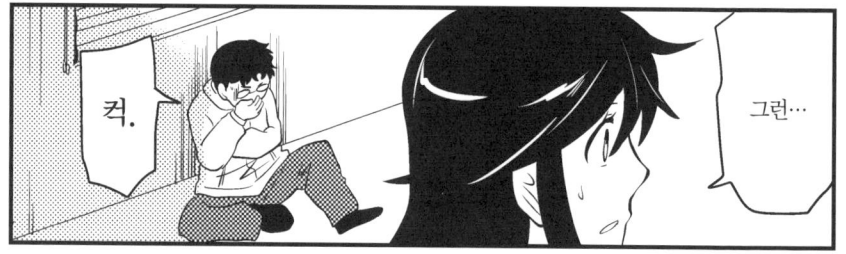

해설 06

'슈퍼'불평등사회가 온다

◎ **자본수익률과 경제성장률의 역사적 추이**

피케티는 자본수익률과 경제성장률의 관계를 조사한 결과 그림7과 같은 사실을 발견했습니다.

• 자본주의의 정형사실 11 •

역사를 통틀어 자본수익률이 경제성장률을 웃돌고 있다

이것을 나타내는 수식이 피케티 경제학에서 가장 유명한 r〉g입니다. 과거에 축적된 부가 경제성장 이상의 이익을 낳고 있기 때문에 피케티는 이 상황을 '과거가 미래를 좀먹는다'고 표현하고 있습니다.

나아가 피케티는 r〉g일 때 다음 두 가지 국면을 왕복하며 $β$가 증가한다고 말합니다.

국면1

경제성장률이 낮으면 자본주의의 제2기본법칙에 따라 $β$가 증가하고, 또 $β$가 커지면 저축률이 증가한다('자본주의의 정형사실9'의 ❷).

그러므로 역시 자본주의의 제2기본법칙에 따라 $β$가 증가합니다.

국면2

자본수익률이 높을 때 $β$가 증가하면 자본주의의 제1기본법칙에 따라 $α$가 증가하지만, $α$가 증가하면 경제성장률은 감소한다('자본주의의 정형사실9'의 ❸).

Capital
in the Twenty-First Century

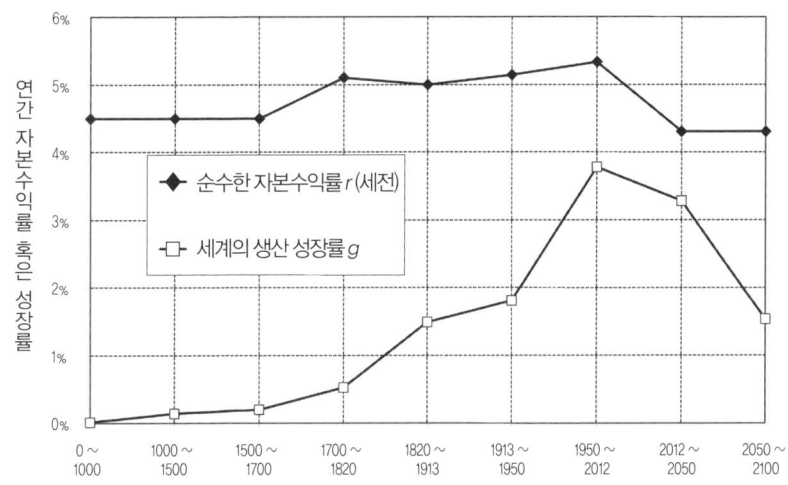

▲ 그림7 글로벌 자본수익률과 경제성장률 비교, 고대부터 2100년까지
(『21세기 자본』의 도표 10.9를 참조)

그러므로 다시 국면1로 돌아가게 됩니다.

여기까지를 정리해보면,

• 자본주의의 정형사실 12 •

자본수익률이 경제성장률을 웃도는 세계에서는 β가 커져간다

가 성립됩니다.

피케티는 β의 증가를 '자본주의화'로 표현하고 있고, 향후 β의 증가에 의해 자본주의화가 더욱 가속된 결과 다음과 같은 '슈퍼'불평등사회가 올 것이라고 주장하고 있습니다.

◎ 임금불평등과 자본불평등이 병존한다

피케티는 자본이 많으면 '하이리스크, 하이리턴'의 투자도 가능하고, 자산운용 전문가를 고용할 수도 있으므로 자본수익률이 8% 정도 증가한다고 산출합니다. 즉, 자본을 가진 자의 부가 더욱 증가한다는 말입니다.

한편 현대에는 고임금을 받으려면 고등교육을 받지 않으면 안 되는데, 명문 대학의 등록금은 매우 비싸기 때문에 자본이 없으면 저임금의 직업밖에 구할 수 없고, 결국 자본불평등이 임금불평등으로 이어진다는 것이 피케티의 주장입니다. 이렇게 해서 다음과 같은 정형사실이 얻어집니다.

• 자본주의의 정형사실 13 •

자본수익률이 경제성장률을 웃도는 세계에서는 자본 면에서도, 임금 면에서도 커다란 불평등이 존재한다

이렇게 두 가지 불평등을 겸비한 '슈퍼'불평등사회는 마르크스가 생각한 것보다 더 무서울지 모릅니다.

실제로 '노동소득 상위 1%가 획득하는 자산과 하층계급 자산의 비율'과 '가장 부유한 상속인 1%가 획득하는 자산과 하층계급 자산의 비율'을 그래프로 그리면 그림8과 같습니다. 즉, 다음과 같은 정형사실이 도출됩니다.

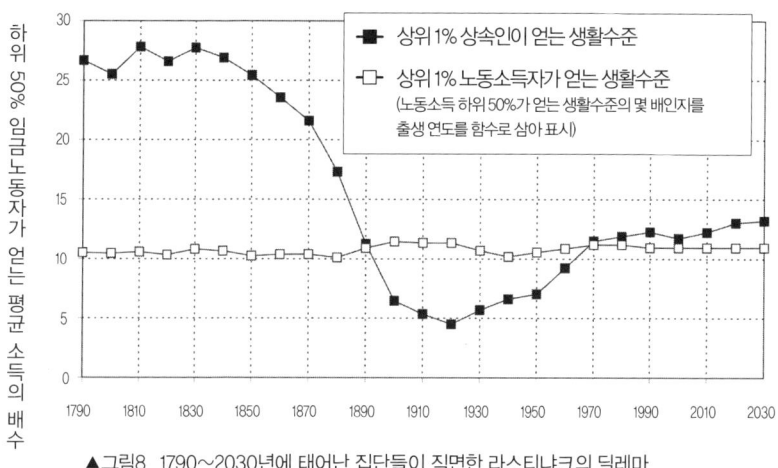

▲그림8 1790~2030년에 태어난 집단들이 직면한 라스티냐크의 딜레마
(『21세기 자본』의 도표 11.10을 참조)

• 자본주의의 정형사실 14 •

❶ 1910~1920년대 태어난 세대에서 역사상 최초로 노력이 상속을 웃돌게 됐지만
❷ 그런 시대는 끝나고 있고, 1970년대 태어난 세대는 '노력이 상속을 웃도는 세계'와 '상속이 노력을 웃도는 세계'의 중간에 위치한다

불평등을 확대시키는 힘은 시장이 완전해져도 소멸하지 않고, 오히려 시장이 완전해지면 완전해질수록 자본수익률이 경제성장률을 웃돈다는 것이 피케티의 주장입니다.

◎ 해결책은 자본에 대한 누진과세

소득 전체에 주목하면 지금까지의 최대 불평등 수치는 소득 하위 50%의 비율이 20%인 것이었지만(1910년대 유럽, 2010년대의 미국), 향후의 불평등은 그 이상이 될 우려가 크다고 볼 수 있습니다.

• 자본주의의 정형사실 15 •

도래할 '슈퍼'불평등사회에서는 전체의 절반에 위치하고 있어도 빈곤할 것이다

따라서 죽도록 노력해서 출세를 하든, 상속재산을 운용해 돈을 벌든, 적당한 목표를 세우는 것이 아니라 상위 50% 안에 들어가도록 높은 목표를 가져야 한다는 것입니다.

피케티는 물가가 상승해도 부유층의 부가 줄지 않는 현상과 불평등이 축소되는 현상은 전쟁 기간뿐이라는 사실과 부유층이 그 부를 조세도피처에 숨기고 있다는 것을 지적하고, 조세도피처를 박멸함과 동시에 글로벌 협력을 통해 자본에 대한 누진세를 부과할 것을 제창하고 있습니다.

부록
피케티를 알자

◎ 경제학계에서의 피케티

현재 경제학에서는 '동학적 확률적 일반 균형 모델'과 같은 추상적 수리모델을 만들어 이론상의 결론을 도출하거나 통계 분석을 하는 것이 주류지만, 피케티의 방법은 이들과는 크게 다릅니다. '과거의 방대한 자료에서 경향을 발견한다'는 역사학이나 사회학에 가까운 방식입니다.

피케티는 자신의 연구에 대해 다음과 같이 말합니다.

경제학자에게는 지나치게 역사적이고, 역사학자에게는 지나치게 경제학적이다

피케티는 또 다음과 같이 경제학에 대해 비판적인 발언을 하고 있습니다.

경제학자들은 종종 자기들만 관심을 가질 만한 무의미한 수학문제에만 몰두하고 있다. 이런 수학 편집광적인 모습은 과학처럼 보이기에는 손쉬운 방법이지만, 그렇다고 해도 우리가 사는 세상이 던지고 있는 훨씬 복잡한 문제에는 대답해주지 못하고 있다.

이렇게 말은 하지만 참고문헌을 보면 최근 발표한 영어논문만 해도 여러 편입니다. 피케티는 경제학계에서도 확실한 업적을 남기고 있는 것입니다. 또한 연구 외에도 『Journal of Public Economics』라는 세계적인 전문지의 편집에 관여하기도 하는 등, 연구발표뿐 아니라 발표의

Capital
in the Twenty-First Century

장을 만드는 데도 적극적으로 임하고 있는 연구자라고 할 수 있습니다.

◎ 찬반양론의 피케티 경제학

피케티 경제학은 여러모로 비판을 받고 있습니다. 예를 들어 피케티가 제창하는 자본세에 대해서는, **자본주의적인 해법이 아니다**(앨런 그린스펀), 이 세금을 도입하면 정치 경제가 **불안정해진다**(타일러 코언)와 같은 비판을 받고 있고, 데이터에 대해서도 파이낸셜타임즈는 다음과 같이 비판한 것으로 유명합니다.

최근 몇 주간 베스트셀러 리스트를 석권하고 있는 피케티 교수의 577쪽짜리 책은 그 토대가 되는 데이터에 자신의 연구결과를 왜곡하는 몇 가지 오류가 포함되어 있다. 파이낸셜타임즈는 피케티의 집계표에서 오류와 설명이 되지 않는 입력 내용을 발견했다.

한편 마르크스를 연구하고 있는 학자 데이빗 하베이는 피케티 경제학에 대해 **불균형을 구제하기 위한 제안은 안이한 수준이다, 21세기 자본가를 위한 경영모델을 만들지 않았다**고 하면서, 따라서 **우리에게는 여전히 마르크스 또는 그 현대판이 필요하다**고 하고 있습니다.

반면 로버트 소로는 피케티 경제학에 대해 **낡은 주제에 대해 새롭고 강력한 공헌을 했다**고 평하고 있고, 폴 크루그먼과 죠셉 스티글리츠도 각각 **피케티는 우리의 경제 담론을 바꾸어 놓았다. 우리는 이제 과거와 같은 방식으로 부와 불균형에 대해 논하는 일은 결코 없을 것이다, 『21세기 자본』은 장기에 걸쳐 불평등이 심각화된 현상을 이해하기 위한 제도적 문맥을 부여하고 있다고 극찬하고 있습니다.

역사학 분야에서도 환영받고 있는데, 프랑스의 역사학자이자 정치학자인 에마뉴엘 토드는 『21세기 자본』을 **경제학에 있어서나, 지구사회 발전에 있어서나 영향력이 큰 책**이라고 평가하고 있습니다.

◎ **일본 경제에 관한 의견**

일본 미디어에 혜성처럼 등장한 토마 피케티의 연구는 유럽을 중심으로 미국 등 일부 지역에까지 걸쳐 있지만, 과연 일본에 대해서는 어떻게 보고 있을까요.

지금까지의 피케티 발언을 따라가보면, 대략 다음과 같이 분석하고 있는 것으로 보입니다.

- 소득세의 최고세율이 높았던 때에는 경제성장률이 높고 불평등이 덜했지만, 아베노믹스로 인한 저성장하에서 불평등이 확대될 우려가 있다
- 2014년 4월의 소비세 증세로 인해 경기가 후퇴했다
- 부유층을 대상으로 증세하고, 저소득층은 감세해야 한다

구체적으로는 다음과 같은 제언을 하고 있습니다.

- 부유층에 대해서… 자본소득에 관한 증세, 상속세의 증세
- 저소득층에 대해… 노동소득에 관한 감세, 임금 인상

Capital
in the Twenty-First Century

　물가상승에 관해서는 2~4% 정도의 물가상승 없이 재정적자를 줄이기는 **어렵다**고 하면서 **물가를 상승시키려고 하는 태도는 옳다**고 말했습니다.

　재정적자를 줄이기 위해 교육에 대한 투자를 줄인 영국의 경제정책에 대해서는 부정적이며, 일본에 대해서도 안이하게 세출삭감을 할 것이 아니라 성장, 교육, 다음 세대를 위한 투자를 요구하고 있습니다.

　또한 '상위 1%의 소득이 국민소득에서 차지하는 비율'에 대해서 미국과 일본의 상황을 비교한 뒤, 일본이 미국과 대조적으로 소득불평등이 반드시 증가하고 있다고는 볼 수 없다는 입장입니다.

참고문헌(피케티의 연구업적)
파리경제학교 공식사이트 (piketty.pse.ens.fr/en/publications-en)를 참조

1. PIKETTY T. : "Implementation of first-best allocations via generalized tax schedule", Journal of Economic Theory, vol. 61, no 1, 1993, p.23~41.
2. PIKETTY T. : "Existence of fair allocations in economics with production", Journal of Public Economics, vol. 55, no 3, 1994, p.391~405.
3. PIKETTY T. : "Social mobility and redistibutive politics with production", The Quarterly Journal of Economic, vol. 110, no 3, 1995, p.551~584.
4. PIKETTY T. : "A Federal voting mechanism to solve the fiscal-externality problem", European Economic Review, vol. 40, no 3, 1996, p.3~17.
5. PIKETTY T. : "The Dynamics of the wealth distribution and the interest rate with credit rationing", Review of Economic Studies, vol. 64, no 2, 1997, p.173~189.
6. PIKETTY T. : "Self-fulfilling beliefs about social status", Journal of Public Economics, vol. 70, no 1, 1998, p.115~132.
7. AGHION p., BANERJEE A., PIKETTY T. : "Dualism and macroeconomic volatility", The Quarterly Journal of Economics, vol. 114, no 4, 1999, p.1359~1397.
8. PIKETTY T. : "Can fiscal redistribution undo skill-biased technical change? Evidence from the French experience", European Economic Review, vol. 43, no 4-6, 1999, p.839~851.
9. PIKETTY T. : "The information-aggregation approach to political institutions", European Economic Review, vol. 43, no 4-6, 1999, p.791~800.
10. PIKETTY T. : "Voting as communicating", Review of Economic Studies, vol. 67, no 1, 2000, p.169~191.
11. PIKETTY T. : "Theories of persistent inequality and intergenerational mobility", Handbook of income distribution, vol. 1, North-Holland, 2000, p.429~476.
12. PIKETTY T. : "Income inequity in France, 1901-1998", Journal of Political Economy, vol. 111, no 5, 2003, p.1004~1042.
13. PIKETTY T., SAEZ E. : "Income inequality in the United States, 1913~1998", The

Quarterly Journal of Economics, vol. 118, no 1, 2003, p.1~39.

14. PIKETTY T. : "Top income shares in the long run: an overview", Journal of the European Economic Association, vol. 3, no 2-3, 2005, p.382~392.

15. BANERJEE A., PIKETTY T. : "Top indian incomes, 1922-2000", World Bank Economic Review, vol. 19, no 1, 2005, p.1~20.

16. PIKETTY T., POSTEL-VINAY G., ROSENTHAL J.L. : "Wealth concentration in a developing economy: Paris and France, 1807-1994", American Economic Review, vol. 96, no 1, 2006, p.236~256.

17. PIKETTY T., SAEZ E. : "The evolution of top incomes : A historical and international perspective", American Economic Review, vol. 96, no 2, 2006, p.200~205.

18. PIKETTY T., SAEZ E. : "How progressive is the U.S. federal tax system ? A historical and international perspective", Journal of Economic Perspectives, vol. 21, no 1, 2007, p.3~24.

19. PIKETTY T., QIAN N. : "Income inequality and progressive income taxation in China nad India: 1986-2015", American Economic Journal: Applied Economics, vol. 1, no 2, 2009, p.53~63.

20. ATKINSON B., PIKETTY T., SAEZ E. : "Top incomes in the long run of history", Journal of Economic Literature, vol. 49, no 1, 2011, p.3~71.

21. PIKETTY T. : "On the long-run evolution of inheritance: France 1820-2050", The Quarterly Journal of Economics, vol. 126, no 3, 2011, p.1071~1131.

22. PIKETTY T., SAEZ E : "A theory of optimal inheritance taxation", Econometrica, vol. 81, no 5, 2013, p.1851~1886.

23. PIKETTY T. and SAEZ E. : "Optimal Labor Income Taxation", Handbook of Public Economics, North-Holland, 2013, vol. 5, chap 7, p.391~474.

24. ALVAREDO F., ATKINSON A., PIKETTY T., SAEZ E. : "The top 1% in international

and historical perspective", Journal of Economic Perspectives, vol. 27, no 3, 2013, p.3~2.

25. PIKETTY T., SAEZ E. : "Top incomes and the Great Recession: Recent Evolutions and Policy Implications", IMF Economic Review, vol. 61, no 1, 2013, p.456~478.

26. PIKETTY T., POSTEL-VINAY G., ROSENTHAL J.L. : "Inherited vs self-made wealth: theory and evidence from a rentier society(Paris 1872-1927)", Explorations in Economic history, vol. 51, no 1, 2014, p.21~40.

27. PIKETTY T., SAEZ E., STANTCHEVA S. : "Optimal taxation of top labor incomes: A tale of three elasticites", American Economic Journal: Economic Policy, vol. 6, no 1, 2014, p.230~271.

28. PIKETTY T., ZUCMAN, G. : "Capital is back: wealth-income ratios in rich countries 1700-2010", The Quarterly Journal of Economics, vol. 129, no 3, 2014, p.1255~1310.

29. PIKETTY T., SAEZ E. : "Inequality in the long run", Science, vol. 344, no 6186, 2014, p.838~843.

30. PIKETTY T. : "Capital in the Twenty-First century: a multidimensional approach to the history of capital and social classes", The British Journal of sociology, vol. 65, no 4, 2014, p.736~747.

31. PIKETTY T., G. ZUCMAN : "Wealth and inheritance in the long run", Handbook of Income Distribution, vol. 2B, chapter 15, 2015, p.1303~1368, North-Holland.

32. PIKETTY T. : "Putting distribution back at the center of Economics : Reflections on Capital in the Twenty-First Century", Journal of Economic Perspectives, vol. 29, no 1, 2015, p.67~88.

33. PIKETTY T. : "About Capital in the Twenty-Fist century", American Economics Review, vol. 105, no 5, 2015, p.1~6.

이 책의 기반이 된 피케티의 『21세기 자본』

21세기 자본
토마 피케티 지음 | 장경덕 외 옮김 | 글항아리

전 세계에 '피케티 신드롬'을 불러일으키며 저자를 일약 학계의 록스타로 만든 화제의 명저. 자본주의에 내재한 불평등의 동학에 대한 참신하고 실증적인 분석과 함께 대담하고 파격적인 대안을 제시하여 세계적으로 숱한 논쟁의 중심에 자리했다. 이 책은 3세기에 걸친 20개국 이상의 역사적 데이터를 토대로 불평등의 역사적 전개를 살펴본다. 방대한 양의 데이터를 기반으로 한 치밀한 실증연구라는 점에서 기존의 주류 경제학 저서가 지향하는 수학적이고 이론적인 고찰이라는 한계에서 벗어난다. 저자가 활용하는 자료는 크게 두 가지로 나뉜다. 소득의 분배와 그 불평등을 다루는 자료가 첫번째요, 부의 분배 및 부와 소득의 관계를 다루는 자료가 두번째다. 이 둘은 부의 분배의 역사적 동학과 사회의 계층구조를 연구할 수 있도록 해주는 이 책의 핵심자산이다. 노벨 경제학상 수상자인 폴 크루그먼 프린스턴대 교수는 "『21세기 자본』은 올해, 아니 향후 10년 동안 가장 중요한 경제학 저서로 자리매김할 것"이라고 말했다. 그 이유는 이 책이 소득이 소수의 경제 엘리트에게 집중되고 있음을 보여주는 것으로 멈추지 않고, 우리가 부유층 안에서도 상속자들이 경제 주도권을 쥐고 있으며 재능이나 노력보다는 태생이 중요해지는 '세습자본주의' 시대로 다시 향하고 있다는 걸 너무나 명확하게 보여줬기 때문이라고 밝혔다.

피케티의 21세기 자본
만화로 완전 정복
ⓒ 2015

초판 발행	2015년 11월 23일
초판 인쇄	2015년 11월 12일

감수	후지타 야스노리
그림	우메야시키 미타
스토리 원안	무라카미 유이치
옮긴이	유주현

펴낸이	김승욱
편집	김승관 한지완
디자인	최정윤
마케팅	방미연 이지현 함유지
홍보	김희숙 김상만 한수진 이천희
제작	강신은 김동욱 임현식

펴낸곳	이콘출판(주)
출판등록	2003년 3월 12일 제406-2003-059호
주소	10881경기도 파주시 회동길 216 2층
전자우편	book@econbook.com
전화	031-955-7979
팩스	031-955-8855

ISBN	978-89-97453-64-1 07300

• 이 도서의 국립중앙도서관 출판예정도서목록(CIP)은 서지정보유통지원시스템 홈페이지(http://seoji.nl.go.kr)와 국가자료공동목록시스템(http://www.nl.go.kr/kolisnet) 에서 이용하실 수 있습니다. (CIP제어번호: CIP2015030738)